Seuil Jeunesse • Septième Continent

Merci à Michel Pascal, Michaël Attal, Stéphane Calmant, Henri Weimerskirch, Mathieu Lecorre, Charly Bost, Kirstie Lee Kaiser, Claude Payri, Bernard Seret, Joseph Poupin, Viviane Solis pour m'avoir transmis les connaissances qui sont les points de départ de chaque histoire et avoir relu avec beaucoup de gentillesse et d'indulgence *Les Aventures d'Elliot et Basile à Clipperton*.

Merci également à Janot qui a été mon premier lecteur assidu durant toute l'expédition, en plus de sa lourde charge de responsable des opérations nautiques.

Je remercie tous ceux qui m'ont fourni les photos qui figurent dans cet ouvrage.

E. P.-É.

Dépôt légal : octobre 2005
ISBN : 2-02-084470-2
N°: 84470-1

www.seuil.com

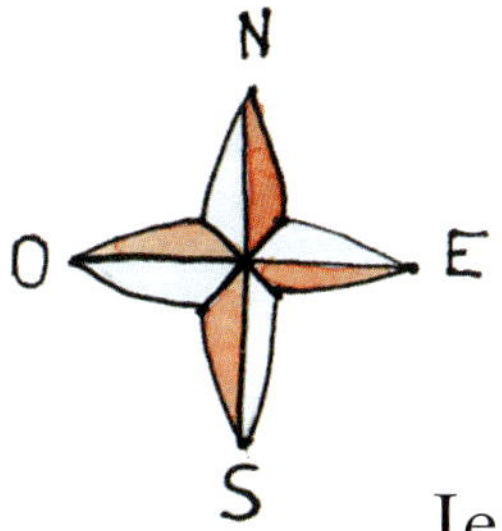

Ce livre a une histoire.

Je l'ai écrit au cours des quatre mois passés sur l'île de Clipperton. Dans le cadre du programme éducatif de l'expédition, en partenariat avec l'Éducation nationale, je m'étais engagée à rédiger toutes les semaines un journal à destination des enfants. Pour cela, j'avais demandé qu'un emplacement leur soit dédié sur le site web de l'expédition ; je l'ai appelé « Le journal d'Elliot ». Mon objectif était de rendre accessible et captivant le travail des chercheurs qui allaient se succéder sur l'île.

J'ignorais en partant la tournure que ce journal allait prendre, mais une fois sur place, les scientifiques se sont prêtés avec beaucoup de gentillesse et d'enthousiasme au jeu de mes interviews. Il m'a fallu ensuite décortiquer l'ensemble de ces données scientifiques et trouver les mots simples et justes pour mettre en scène leurs secrets.

C'est alors que Basile le crabe, Agathe la frégate, Amande la carangue et les autres ont pris la parole pour conter aux enfants l'Histoire Naturelle de Clipperton.

Pendant qu'Elliot les écoutait attentivement, j'ai peint dans mon coin les illustrations que je vous ai rapportées.

Elsa Pény-Étienne

La rencontre d'Elliot et Basile

L'aube pointait le bout de son nez et, comme chaque matin, Elliot était le premier levé.

Depuis son arrivée sur l'île de Clipperton, il ne se passait pas un jour sans qu'Elliot quitte la cabane pour retrouver Basile, son ami le crabe. Bien sûr, au début, leur rencontre ne pouvait laisser présager une telle complicité : tous deux avaient bataillé ferme pour récupérer un morceau de banane qu'Elliot avait malencontreusement fait tomber. Le crabe avait pincé très fort le petit garçon et s'était carapaté dans son terrier. Elliot avait attendu longtemps que le petit crabe ressorte, si bien que Basile s'était ému et avait offert à Elliot son amitié.

Basile, petit crabe rouge de terre, avait élu domicile allée du cocotier qui tremble depuis peu, l'emplacement exact qu'avait choisi Jean-Louis, le papa d'Elliot, pour construire la cabane familiale. L'endroit était idéal, face à la mer, sur la côte ouest de l'île, à l'abri des vents dominants, qui en cette saison hivernale soufflent du nord-est.

En cette partie de l'île, un bosquet de cocotiers s'était développé et abritait en son sein une importante colonie de fous masqués, de fous bruns, de fous à pattes rouges. L'endroit fournissait à Basile tout ce qu'un petit crabe peut espérer comme nourriture : la chair ferme de la noix de coco et la fiente laiteuse des oiseaux.

Par ailleurs, ce bosquet avait une qualité inestimable : il offrait à ses hôtes un peu d'ombre pour s'abriter du soleil. Sous ces latitudes, au large du Mexique dans l'océan Pacifique et près de l'équateur, une exposition prolongée au soleil aurait été fatale à notre ami Basile le crabe et à ses nombreux cousins.

Nous étions le 1er janvier 2005, et Elliot et Basile profitaient de ce que les parents s'étaient couchés tard la veille pour converser des mille et une choses à découvrir sur cette île…

Elliot devait rester quatre mois sur l'atoll, et Basile avait entrepris d'enseigner à son jeune ami tous les mystères de Clipperton…

LE ***RARA AVIS***

Elliot est arrivé le 20 décembre sur l'atoll de Clipperton à bord du *Rara Avis*. Le nom de ce bateau signifie « oiseau rare ».

La naissance de Clipperton

Au début, les autres animaux de l'île, en particulier les frégates, avaient vu d'un mauvais œil cette amitié contre-nature entre un crabe et un enfant. Mais Basile n'en avait fait qu'à sa tête. Elliot lui rendait bien son amitié, en le protégeant des coups de bec intempestifs des fous et en le fournissant en céréales au chocolat, que Basile affectionnait tout particulièrement.

Comme Elliot s'étonnait de l'existence de ce petit bout de terre en forme d'anneau, perdu dans l'océan Pacifique, Basile lui expliqua que Clipperton n'était pas seulement une île mais un atoll, c'est-à-dire une île formée de corail. Devant l'air ahuri d'Elliot, Basile déclara doctement :

– Aujourd'hui, mon petit gars, je vais t'expliquer comment cette île est apparue.

Elliot, les yeux brillants, s'installa confortablement sur une planche de bois calée sur deux noix de coco,

Couple de fous à pattes rouges

pour écouter l'histoire de la formation de l'atoll de Clipperton.

– Un jour, commença Basile, le fond de l'océan s'est mis à trembler au large des côtes mexicaines, non loin d'Acapulco. Cela s'était déjà produit auparavant, mais cette fois-ci le fond de l'océan s'est déchiré : la lave en fusion, venant du ventre de la Terre, s'est accumulée de telle sorte qu'une montagne, ou plus précisément un volcan, est sorti de la mer. Lorsque la lave a cessé de couler, le volcan a doucement commencé à s'enfoncer dans le plancher de l'océan. Alors, le corail, qui se formait doucement sur les flancs du volcan, a dû pousser le plus vite qu'il pouvait pour rester en contact avec la lumière...

Elliot sursauta.

– Mais Basile, le corail, ça n'est pas comme les rochers, c'est vivant ?

– Mais oui, Elliot, c'est vivant !

– Alors, c'est une plante ?

Le petit crabe répondit d'un air malicieux :

– Eh bien, non, le corail est un animal comme l'anémone de mer, et on peut dire que ce que tu vois de dur et de blanc, c'est le squelette de la bête !

Ça alors, cette île n'était pas un vulgaire caillou, mais la carcasse d'un animal, voilà qui devenait intéressant !

Basile reprit son explication : pour ne pas mourir englouti dans les eaux, lorsque le volcan s'était enfoncé dans la mer, le corail avait continué à pousser vers la lumière. Puis le niveau de la mer avait baissé, et du coup le platier corallien s'était retrouvé à l'air libre, au-dessus du niveau de la mer... et voilà comment Clipperton avait vu le jour !

– Mais Basile, pourquoi il pousse en rond, ton corail ?

– En fait, il a commencé à pousser sur les pentes du volcan qui était une île ronde, et lorsque celle-ci s'est complètement enfoncée dans la mer, seul l'anneau corallien est resté à la surface. Sur Clipperton, il reste une trace du volcan, le rocher de vingt-neuf mètres situé au sud de l'atoll.

À ce moment, une grosse fiente de fou atterrit sur la tête de Basile qui lâcha un gros juron et se tourna vers Elliot :

– Ça suffit pour aujourd'hui...

– Mais Basile, qui t'a raconté tout ça ? Tu n'y étais pas, toi, tu es un crabe de terre ! Tes ancêtres non plus n'ont rien pu voir !

– Tu as raison, c'est ma copine Amande la carangue qui m'a raconté ça. Elle sait tout sur tout, je te la présenterai !

L'ATOLL DE CLIPPERTON

Agathe la frégate

Une pêche responsable

Régulièrement, de gros bateaux de pêche s'approchent de Clipperton. Il existe des pêcheurs qui pratiquent ce qu'on appelle une « pêche responsable » : ils protègent les ressources en poisson pour les générations futures, notamment en rejetant les dauphins et en laissant les poissons se reproduire. Tu peux encourager ce type d'initiative en achetant du poisson qui porte un logo garantissant une pêche responsable, par exemple celui du MSC.

Ce jour-là, Basile n'était pas apparu de la journée. Aussi, lorsque, au moment du bain, Elliot l'aperçut en grande conversation avec un oiseau, il fut bien soulagé. Combien de fois avait-on vu un petit crabe se faire emporter par une vague, rouler dans le sable et, abruti par le tournis, être la proie des oiseaux ! Clipperton regorgeait d'oiseaux en tout genre, il fallait bien qu'ils se nourrissent !

Discrètement, Elliot prit congé de sa maman pour rejoindre Basile.

– Ah, te voilà, fiston ! Suis-moi, nous avons rendez-vous avec Agathe la frégate.

– Chouette, laisse-moi juste le temps d'aller chercher des céréales au chocolat, je suis sûr que ça va beaucoup lui plaire…

– C'est pas sûr. Tiens, regarde-la, là-bas !

– Mais, que fait-elle ?

Agathe était en train de harceler un fou à pattes rouges.

Agathe la frégate était un oiseau superbe, ses ailes immenses lui donnaient une envergure de deux mètres, pour un poids ridicule d'un kilo et demi… Autrement dit, Agathe avait une surface portante très efficace. Cette particularité lui permettait de monter très haut dans le ciel, jusqu'à près de trois mille mètres, et ainsi de parcourir de grandes distances. Ses plumes noires avaient des reflets verts sur le dos, comme si elle était revêtue d'un habit moiré.

Au moment où Agathe faisait régurgiter le fou, Elliot s'exclama :

– Mais c'est dégoûtant, Basile, elle lui prend ce qu'il a dans la bouche !

– Agathe, elle est comme ça. Elle n'aime pas se mettre à l'eau, car ses plumes ne sont pas imperméables. Alors, elle vole les poissons que les fous ont pêchés pour leurs petits.

– Les fous ?!

– Oui, Elliot. Rappelle-toi que Clipperton est la plus grosse colonie au monde de fous masqués ; nous avons aussi des fous bruns et des fous à pattes rouges.

Tiens, justement, la voilà… Alors, Agathe, bonne pêche ?

– M'en parle pas, Gégé le fou a vraiment mauvaise haleine !

– Non, Agathe, je te parle de ta virée de la semaine dernière. J'aimerais que tu en causes au petit.

Agathe prit un air important :

– À plus de deux mille trois cents kilomètres d'ici vers le sud se trouve un groupe d'îles, que les tiens appellent les Galápagos. Je suis née là-bas et j'y retourne régulièrement soit pour nicher, soit pour rendre visite aux copains.

– Qu'est-ce que ça veut dire, « nicher » ?

– Pour pondre, pour agrandir ma famille, quoi !

– Pourquoi tu es partie?

– Mais pour me nourrir, pour trouver du poisson !

– Il n'y en a pas, d'où tu viens ?

– Bien sûr que si, mais tu vois, petit, le poisson se fait de plus en plus rare. De gros bateaux mettent à la mer des filets de pêche énormes qui ramassent tout sur leur passage : les petits poissons, les gros, les thons, les dauphins, tout ! Et ils sont de plus en plus nombreux… Alors nous, les oiseaux, nous sommes obligés d'aller de plus en plus loin pour manger.

Agathe la frégate

Tortue olivâtre
dont Agathe raffole,
à l'état de bébé.

– C'est pour ça que tu voles ce que les fous ont pêché ?

– Hum ! non, pas vraiment, ça c'est un peu pour le jeu, et beaucoup par fainéantise…

Basile intervint :

– Bon, Agathe, tu nous la racontes, ta virée de la semaine dernière ?!

– J'y arrive, Basile, j'y arrive. Lassées de faire régurgiter nos copains les fous, nous avions prévu une petite partie de pêche au large. Je n'étais pas rendue à cinq milles des côtes qu'une véritable flotte de thoniers – ils étaient quatre – faisait route sur Clipperton, tous filets dehors. J'aime autant te dire, mon petit, qu'on pouvait oublier l'idée de trouver la moindre trace de poisson aux alentours. En plus, cela ne présageait rien de bon : une tempête était sûrement en train de se préparer. À chaque fois qu'ils viennent, ça ne loupe pas, c'est pour se mettre à l'abri des vents et de la houle. Les poules mouillées ! Avec les copines, on ne s'est pas démontées, on a pris un thermique – entends par là une colonne d'air chaud qui monte très haut dans le ciel –, et il ne nous restait plus qu'à nous laisser planer jusqu'au prochain banc de poissons. Au bout de deux jours, nous n'avions toujours pas trouvé grand-chose à nous mettre dans le bec. J'ai proposé aux copines de pousser le voyage jusqu'à chez nous.

– Les Galápagos ?

– Oui, monsieur, ça nous a donné un sacré coup de fouet, et nous en avions besoin, une tempête se profilait à l'horizon. Et tout à coup, sous nos pattes, l'eau s'est mise à grouiller : un banc de bébés tortues fraîchement mises à l'eau s'ébattait joyeusement dans les vagues, quel délice ! Il a fallu jouer fin, tu sais que nos plumes ne sont pas imperméables, il ne fallait pas passer à l'eau. Attention donc à la pluie, aux bourrasques et tout le tintouin… La tempête a duré des heures mais, avec notre entraînement, ça ne nous a pas empêchées de nous régaler. De plus, les vents nous avaient ramenées sur Clipperton. Nous ne sommes pas rentrées à la maison, mais quel festin, mes amis !

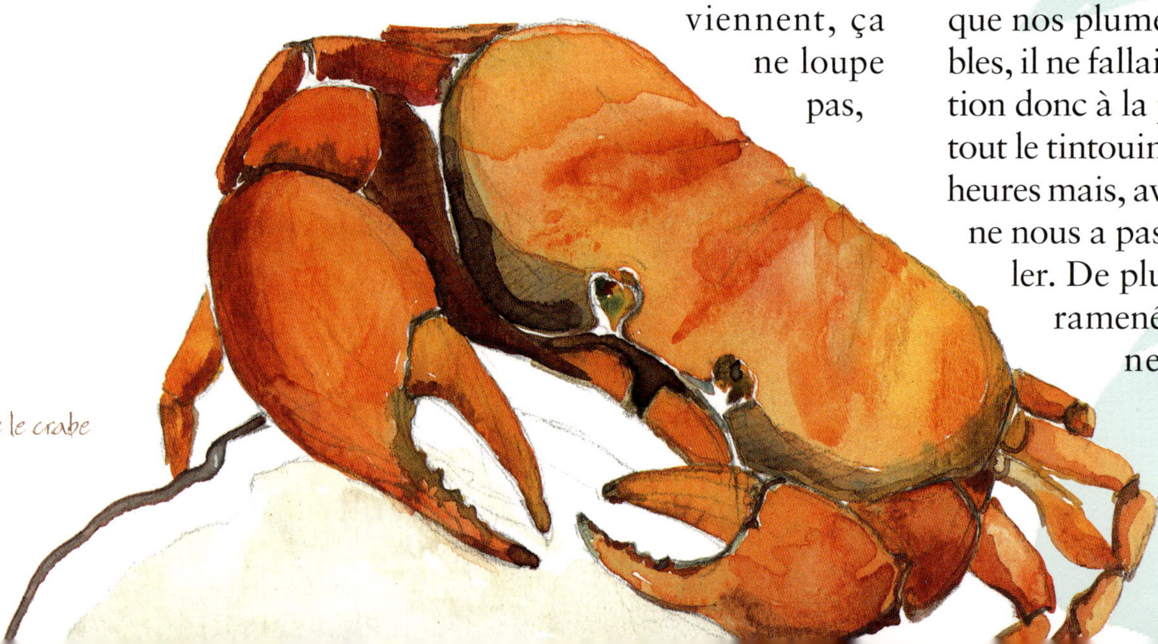

Basile le crabe

Gézé le fou masqué en vol

Et d'un coup d'ailes majestueux, Agathe disparut dans les airs.

– Qu'est-ce qu'elle est belle ! dit Elliot.

Les derniers feux du soleil brillaient, et Basile disparut dans son terrier.

Elliot regagna discrètement la cabane où son bain et sa maman l'attendaient.

L'eau précieuse

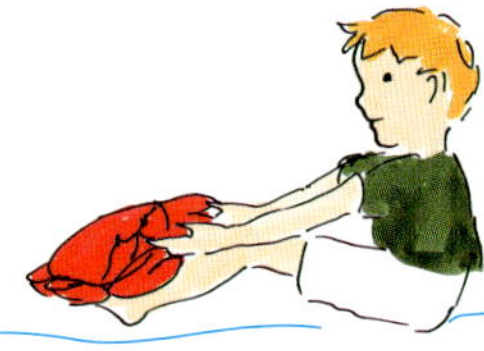

Le trou d'eau

À Clipperton, chacun utilise quinze litres d'eau douce par jour, ce qui permet de faire la cuisine, de boire et de se laver (corps et dents). En France, les gens utilisent cent cinquante litres par jour et par personne en moyenne. Pour diminuer cette consommation, nous pourrions par exemple ne plus laisser couler l'eau pendant que nous nous lavons sous la douche ou que nous nous brossons les dents.

Le lendemain, Basile trouva Elliot rouge de colère devant sa cabane.

– Que se passe-t-il ? s'inquiéta le petit crabe.

– Ulysse, mon petit frère, a encore laissé couler l'eau pendant le bain, et c'est moi qui me suis fait gronder par maman, gémit Elliot.

– Qu'est-ce que c'est que ces histoires ! Il y a de l'eau partout, sur Clipperton… La baignade n'est pas un problème ! Moi, je me baigne aussi souvent qu'il me plaît… fit Basile en se trémoussant gaiement.

– Mais Basile, toi, tu te baignes dans l'eau de mer salée…

– Ou dans l'eau du lagon qui est saumâtre, renchérit Basile.

– Qu'est-ce que ça veut dire, « saumâtre » ? grommela Elliot.

– Tu sais que le lagon est fermé et qu'il n'y a pas de contact entre l'eau du lagon et la mer, ou quasiment pas ?

– Oui et alors ?

– Et alors, et alors… la pluie remplit le lagon, ce qui fait que l'eau y est moins salée que l'eau de mer, voilà monsieur ce que c'est que « saumâtre » !

Elliot se redressa :

– Mais Basile, c'est pareil ! Ce que je veux dire, c'est que l'eau que nous buvons doit être douce, sans sel si tu préfères. Et maman nous rince Ulysse et moi avec cette eau, ce qui fait que nous ne devons pas la gaspiller.

Basile se gratta la carapace et prit un air songeur.

– Et tu la trouves où, ton eau douce ? demanda-t-il.

– En fait, nous la faisons…

– Rien que ça !

Basile éclata de rire.

– Oui monsieur, nous enlevons le sel de l'eau de mer.

– Tu me vois très impressionné ! gloussa Basile.

Cette fois ça dépassait les bornes. Elliot tourna le dos à Basile, fâché et vexé. Ce petit crabe ne comprenait décidément rien.

C'est à ce moment-là qu'Edgar le lézard, surgissant de derrière la cabane, se décida à intervenir :

– Basile, ce n'est pas des blagues ce que te raconte le petit... Moi qui me faufile partout, j'ai bien vu que depuis qu'ils sont là, les parents d'Elliot et leur équipe ont de gros soucis avec l'eau : ils passent un temps fou à sortir de l'eau de la mer avec ce tuyau noir, et à la faire passer dans des machines... D'ailleurs, comment ça fonctionne ? Raconte-nous, Elliot, demanda doucement Edgar.

Elliot consentit à se tourner vers Edgar et, ignorant Basile, expliqua :

– En fait, la pompe remonte l'eau de mer jusqu'à une série de filtres qui enlèvent le sel. Ensuite, l'eau est stockée dans des cuves. Mais tout ça est très long et nous n'avons que très peu d'eau pour tout le monde. Entre la cuisine, la toilette et l'eau pour boire, il faut faire très attention. Sur un bateau, c'est la même chose, conclut Elliot.

Edgar se tourna vers Basile :

– Et je peux te dire que l'autre jour, le cuisinier a pincé un gars qui laissait couler l'eau pour se rincer la figure. Il lui a passé un sacré savon !

– C'est le cas de le dire, ha ! ha ! ha ! fit Basile, hilare et décidément d'excellente humeur. Puis, se tournant vers Elliot : Allons, petit, pour me rattraper, je vais te confier un secret : sache que sur un atoll corallien comme Clipperton, tu peux trouver de l'eau douce…

– Tu me fais marcher ! dit Elliot.

– Il te suffit de creuser à au moins cinquante centimètres…

– Mais où ?

– N'importe où…

– Ouah ! s'écria Elliot. Comment c'est possible ?

– Je te parlais tout à l'heure de l'eau de pluie, eh bien elle pénètre le corail et y reste stockée.

– Génial ! Elliot sautillait dans tous les sens : Je vais pouvoir prendre un grand bain, la la la la…

Basile fronça les sourcils :

– Je ne crois pas que tu aies bien compris, Elliot. Même si ce que je t'ai révélé va vous permettre à toi et ta famille un peu plus de confort, il n'empêche que l'eau douce reste précieuse…

– Moi qui ai beaucoup voyagé, je peux t'en parler, intervint Edgar.

Basile grattouilla gentiment le gros orteil d'Elliot :

– Tu sais, c'est drôlement bien la façon dont tu te laves les dents avec un peu d'eau au fond d'un verre…

– Parce que tu m'espionnes, toi, maintenant !

Et, riant aux éclats, Elliot se mit à courir derrière Basile, laissant Edgar seul à ses pensées :

« Ah ! là, là ! Vraiment, ces deux-là, ils s'adorent ! »

Plan de Clipperton vu du ciel, avec ses lieux stratégiques

N
O
E
S
Camp des Americains
Trou "sans fond"
Le Rocher
Port Jnouea
RARA AVIS

Les petits grains de coraline

La vague

Clipperton est soumis à une très forte houle toute l'année. Ces vagues ont la capacité de casser de très gros morceaux de corail et d'user les pierres qui sont roulées les unes contre les autres, ce qui crée le sable. Ce phénomène est bien sûr accentué par les tempêtes.

Malgré la chaleur, Basile était resté pour aider Elliot à la construction d'un château de sable. Alors qu'Elliot laissait filer les grains de sable entre ses doigts, Basile prit un air malicieux :

– Dis donc Elliot, à ton avis, de quelle couleur est le sable ?

– En voilà une question ! Jaune pâle !

– Regarde bien de plus près.

Elliot se mit à scruter le sable et se tourna vers Basile, tout étonné :

– Mais Basile, tous ces petits grains n'ont pas du tout la même couleur ! Il y en a même des rouges ! Tu sais d'où ça vient, toi, le sable ?

– Fiston, t'es mûr pour rencontrer Amande !

– Tu veux dire Amande la carangue ?

– Oui, monsieur.

Bien que Basile réservât normalement ses ablutions pour la tombée de la nuit, il entra frileusement dans la mer, suivi de près par Elliot. De sa pince trapue, Basile se mit à faire gicler de l'eau. À cet instant, Amande fit son apparition : c'était un grand poisson, gracieux et majestueux.

Une fois les présentations terminées, Basile invita Amande la carangue à conter à Elliot l'origine des grains rouges qu'il avait vus quelques instants plus tôt dans le sable. De sa voix douce, Amande entama ainsi son histoire :

– De l'autre côté de la barrière de corail, là où la mer devient profonde et mystérieuse, un petit œuf rouge vient se fixer sur une patate de corail…

– Ah oui, le corail, l'animal qui forme l'atoll de Clipperton ?!

Amande acquiesça de ses beaux yeux tendres et reprit son récit :

– Ce petit œuf est celui d'une algue calcaire, la coraline…

Amande la carangue

– Pourquoi elle est calcaire, ton algue ? intervint Elliot.

– Elle ne ressemble pas aux algues que tu connais. Au lieu d'être verte et de bouger au gré de la houle, comme les feuilles d'une plante dans le vent, celle-ci est rouge, mais surtout elle est dure et se développe en nappes, notamment sur le corail. Un beau jour, alors qu'elle s'est beaucoup étendue, une tempête sévit, les flots tumultueux arrachent alors des morceaux de la coraline. Les gros débris sont roulés les uns contre les autres et, petit à petit, poussés vers la plage, ce ne sont plus qu'une multitude de petits morceaux polis par la mer et mélangés aux autres débris de corail et de coquillages.

– Si je comprends bien, dans le sable, il y a de tout : des coquillages, du corail, des algues calcaires…

– …Du verre cassé, des morceaux de roche, ajouta Basile. Tout est usé par la mer, ce qui donne de minuscules cailloux, ces petits grains qui forment le sable.

– Et c'est pour ça qu'il y a plein de couleurs dedans !

Une grosse vague retourna Basile, mécontent, qui, en bon crabe de terre, n'était décidément pas fait pour les joies de la mer. Amande, compatissante, le remit d'aplomb d'un bon coup de nageoire, et s'éclipsa dans un flot d'écume mousseuse.

– Au revoir Amande, dit Elliot, encore sous le charme, au revoir et j'espère à très bientôt !

LA CORALINE, algue calcaire qui se développe sur le corail mort.

Le voyage des coquillages

LE ROCHER DE CLIPPERTON

De là où ils se trouvaient, Basile et Elliot dominaient Clipperton. Avec ses vingt-neuf mètres de haut, le rocher était le point culminant de l'île. Elliot avait suivi Basile dans son ascension, non sans difficulté, même s'il avait gagné en agilité depuis son arrivée. Le petit crabe souhaitait retrouver Antonin le dauphin, et le fameux rocher de Clipperton offrait le meilleur point de vue pour le repérer.

– Ça y est, je le vois ! Hou hou, nous sommes là !

Mais Antonin le dauphin ne semblait pas les apercevoir, bien qu'il effectuât de nombreux sauts hors de l'eau.

– Fiston, il va falloir descendre, je sens qu'Antonin ne va pas nous voir ici. Et puis, nous serons mieux au bord de l'eau pour discuter.

Une fois le dernier bond effectué pour rejoindre leur ami, Elliot s'accroupit près de Basile. La mer était calme, et la voix d'Antonin portait bien sur l'eau.

– Bonjour, les amis !

– Allez, petit, pose ta question.

– Antonin, les coquillages que nous avons ici, ils viennent d'où ? Parce que, si l'île s'est formée au milieu de l'océan, comment les coquillages ont-ils pu arriver jusqu'ici ?

– Il est malin, le petit ! dit Antonin en faisant un clin d'œil à Basile. Il faut que tu saches que, sur cette île, nous avons des coquillages qui nous viennent des

Amériques, et d'autres qui sont issus de la partie ouest de l'océan Pacifique.

– Qu'est-ce que tu veux dire, Antonin ?

– Ce que je veux dire, petit, c'est que Clipperton est au croisement de deux grands courants marins : le courant panaméen, qui part du continent américain en direction du Pacifique-Ouest, et le courant indopacifique, qui part de l'Indonésie jusqu'à la côte américaine…

– Ouah ! s'exclama Elliot, fasciné.

– Peut-être pourrait-on préciser à Elliot ce qu'est un courant marin, intervint Basile.

– Tu as parfaitement raison, dit Antonin. Il prit un air important et déclama : Un courant marin est le mouvement d'une masse d'eau d'une région océanique à une autre, un peu comme une rivière géante qui se déplacerait dans la mer. Sur Clipperton, la particularité est que nous avons des coquillages transportés par ces deux courants, et que dans le cas de ceux qui viennent du continent américain, il n'y en a pas de traces plus à l'ouest, pour la bonne raison que ce courant ne traverse pas vers l'ouest mais plonge vers le sud.

Elliot, sous le charme, tenta une autre question :

– Et comment voyagent les coquillages dans tes courants marins ? À la nage ? Sur le dos d'une tortue ?

– En fait, ils ne voyagent pas quand ils sont adultes, avec leur coquille sur le dos, mais quand ils sont tout petits, à l'état de minuscules larves. Ils sont alors transportés par les courants. D'ailleurs, les ancêtres de Basile sont sûrement arrivés de cette façon sur l'île.

– Ouais, on parlera de moi une autre fois ! dit Basile, pudique, qui prétexta un rendez-vous pour s'éclipser.

Antonin fit signe à Elliot de le rejoindre pour une baignade improvisée, accroché à son aileron.

Cinq tonnes

Durant le temps de l'expédition, cinq tonnes d'objets en plastique ont été ramassées par l'équipe de Jean-Louis Étienne, puis transportées sur le bateau de la Marine nationale pour rejoindre un centre de traitement des déchets.

Le trésor de Paco le gecko

Alors que la marée descendait tranquillement, Basile tenait conseil avec Chibouste la langouste et Hippolyte le bernard-l'ermite. Chibouste était une belle langouste dans la force de l'âge ; contrairement au homard, elle n'avait pas de pinces, et sa queue couleur brique était parsemée de petites taches gris pâle.

– Regarde-moi ça, encore une marée calamiteuse ! Ces invasions de chaussures et bouteilles en plastique sont épouvantables ! s'exclama Chibouste.

– Surtout ici, renchérit Hippolyte.

– Bof ! c'est partout pareil... dit Basile, dégoûté.

– Que se passe-t-il ? demanda Elliot qui arrivait.

– Il se passe que les tiens sont des cochons ! pesta Chibouste.

Devant Elliot abasourdi par cet accueil, Basile s'interposa :

– Holà ! Elliot n'est pas responsable de ce qui nous arrive. Et son groupe fait un tri scrupuleux de tous ses déchets...

– Je dirais même plus... ajouta Hippolyte. Depuis quelque temps, certains passent leurs journées à ramasser tout ce qui s'échoue sur la plage pour le mettre dans des gros sacs.

– Je suis désolée, Elliot, s'excusa Chibouste, mais ces détritus m'exaspèrent. Et quand tu vois que les fous font leurs nids avec des brosses à dents et des peignes... Le monde marche sur la tête !

Un cri aigu retentit juste derrière eux.

– Le chameau ! maugréa Paco le gecko en les rejoignant. Firmin le fou brun m'a scalpé...

Elliot pouffa.

– Ne rigole pas, c'est vrai !

Et, montrant son flanc, Paco laissa voir une large plaie où la chair rose était à vif du bas des côtes à la naissance des pattes arrière.

– Aïe, ça doit faire drôlement mal ! s'exclama Elliot en se frottant le ventre.

– En fait, pas tant que ça... n'est-ce pas, Paco ? intervint Basile devant les pitreries du reptile.

– Ouais, bon, je suis un vrai dur à

cuire, j'en ai vu d'autres, tu sais…

Hippolyte se mit à siffler.

– Bon, bon… abdiqua Paco.

– Paco est un sacré comédien : en réalité, il a un système de défense qui fonctionne de telle manière que si on veut l'attraper, sa peau se détache, et il peut échapper à ceux qui voudraient le manger ou tout simplement l'attaquer. Puis sa peau se reforme très rapidement.

– Oui, je suis très bien fait, il faut l'admettre, mais enfin ça fait mal tout de même ! continua à se plaindre Paco.

– Taratata ! le coupa Basile, qu'est-ce que tu as fait à Firmin pour qu'il ait envie de te donner un coup de bec ?

– Rien, pas grand-chose… Et, devant l'air sévère de Basile : Enfin trois fois rien... Je comptais juste lui emprunter un bouchon en plastique rose.

– Hum, lui « emprunter » ! Lui « chaparder », oui ! trancha Basile.

– Oui, bon... Mais c'est toujours pareil, au moment de sa période d'amour, il est toujours très susceptible…

– Je vois. Tu avais dans l'idée de lui prendre quelque chose qu'il comptait justement offrir à sa belle ?!

– Comment ça ? demanda Elliot très intéressé.

– C'est ce qu'on disait tout à l'heure ! Certains fous se sont approprié les objets

Paco le gecko

en plastique pour en faire leurs nids. Ça remplace les brindilles qui sont, effectivement, très rares sur l'île…

– Oui, mais tu parlais de l'offrir à sa belle, l'interrompit Elliot.

– Eh bien, pour certains, ces objets sont même devenus désirables, à tel point qu'à la période des amours, certains mâles préfèrent les offrir plutôt qu'une jolie pierre, comme c'était le cas avant. Le monde ne tourne plus rond, je te dis ! lâcha Chibouste.

– Mais ça n'a pas que des inconvénients, alors ? risqua Elliot.

– Tu devrais en parler avec Antonin le dauphin la prochaine fois que tu le verras… fit Hippolyte. Il a failli s'étouffer avec un sac plastique qu'il avait pris pour un calamar géant !

Elliot et Basile éclatèrent de rire, mais le petit crabe se reprit très vite :

– Ce n'est pas du tout drôle, il a vraiment failli y rester, dit-il avec sérieux.

– Sans mon intervention... reprit Chibouste en levant une de ses pattes d'un air fataliste.

– Mais alors, ils viennent d'où, tous ces objets en plastique ? interrogea Elliot.

– Ils débarquent avec les courants marins, comme les coquillages, de terres habitées par des hommes moins scrupuleux que ceux de ton groupe, répondit Chibouste.

– Tu ne vas pas remettre ça, Chibouste ! menaça Basile. Puis, se tournant vers Elliot : Il n'empêche, petit, qu'il ne faut jamais jeter les choses comme ça n'importe où et encore moins dans la mer. Tout ce qui est en plastique flotte et arrive sur les plages, reconnais que c'est...

– ...vraiment dégoûtant ! le coupa Chibouste, décidément très remontée.

– Bon, que pensez-vous d'une petite baignade ? proposa Basile pour calmer les esprits. Visiblement séduits par l'idée, tous se précipitèrent dans les flots turquoise.

La cabane où Elliot a vécu quatre mois avec sa famille.

Chibouste la langouste

Edgar le lézard

La discussion sur les courants avec Antonin le dauphin avait donné une idée à Basile : il allait faire découvrir à Elliot une autre façon de migrer sur l'île de Clipperton. C'était décidé : aujourd'hui, ils rencontreraient Edgar le lézard.

Basile avait donné rendez-vous à Elliot sur la plage, dans une partie très caillouteuse, car Edgar y avait ses habitudes.

Edgar était un beau lézard noir avec une rayure dorée sur le dos qui courait de la base de la tête jusqu'au bout de la queue. Lorsque Basile et Elliot le retrouvèrent, Edgar était très occupé à la dégustation d'un énorme cafard.

– Quelle merveille, mes enfants, ce cafard est juteux à souhait ! s'exclama Edgar en apercevant ses amis.

– Bon appétit, Edgar ! lancèrent Elliot et Basile.

Edgar les invita à prendre place sur une jolie pierre plate, à l'ombre d'un grand cocotier.

– Edgar, tu nous ferais grand plaisir si

tu nous expliquais comment tes ancêtres sont arrivés ici, dit Basile.

– Oh ! mais c'est une sacrée histoire que tu me demandes là…

Elliot rosit de plaisir et murmura :

– Encore une belle aventure...

– Mes ancêtres viennent de Polynésie. Tu sais où c'est, Elliot ?

– Non…

– Tu connais Tahiti, Bora Bora ?

– Ah oui ! bien sûr, en plein milieu du Pacifique.

– Bon, ce sont des îles qui font partie de la Polynésie française, et mes ancêtres en sont donc originaires. Un jour, il y a très longtemps, un énorme cyclone s'est déclenché dans l'océan Pacifique.

– Qu'est-ce que c'est, un cyclone ? demanda Elliot, gêné.

– Une énorme tempête, tellement puissante qu'elle peut arracher les arbres, les maisons, et faire voler les voitures. Tu te rends compte ?

– Ouah !

– C'est très dangereux. Donc, ce cyclone, comme à son habitude, a déraciné les cocotiers, les plantes, fait des enchevêtrements de tout ça, et envoyé le paquet à la dérive sur la mer. Mais cette fois-ci, des aïeuls à moi se sont trouvés pris au piège et embarqués à bord de ce radeau végétal improvisé. D'autres

Un jeune fou brun

bestioles avaient eu le bon goût de se faire emprisonner avec eux, ce qui a permis aux miens de se nourrir un certain temps. Mais les embruns et les vagues se sont acharnés sur ce vaisseau de fortune et, au bout de quelques semaines de navigation, il n'y avait plus âme qui vive à bord. C'est alors que le radeau a échoué sur Clipperton...

– Mais alors, comment ils sont arrivés, tes ancêtres ?

– Patience, petit, attends de voir la suite ! Au bout de quelques semaines, alors que les troncs et les branchages séchaient tranquillement sur la plage, des œufs pondus par un de mes aïeux se sont mis à éclore. Des bébés lézards étaient là, seuls sur l'îlot de Clipperton. Les débuts ont été rudes, d'autant que, à l'époque dont je te parle, la cocoteraie où tu vis actuellement n'existait pas, et mes ancêtres avaient eu l'habitude de vivre au milieu d'une végétation très généreuse.

– Comment ça ? s'étonna Elliot.

– Excusez-moi. Mes ancêtres se nourrissaient et vivaient donc auparavant au milieu de cocotiers, d'arbres fruitiers comme les manguiers, bananiers… Arrivés ici, plus rien, du sable et du corail à perte de vue. Alors ils se sont réfugiés sous les pierres de corail. Aride, n'est-ce pas ?

– Mais oui, ce sont des hommes qui ont planté des cocotiers ici.

Edgar parut un instant déconcentré : visiblement, le fou qui s'était posé sur la souche de cocotier à côté l'intéressait au plus haut point.

– Mes bons amis, expliqua-t-il, d'ordinaire Firmin le fou regorge de tiques absolument succulentes. J'en ferais bien mon quatre-heures...

– Veux-tu te concentrer sur ton histoire, Edgar !

– Et qu'est-ce qu'ils ont trouvé à manger ? s'inquiéta Elliot.

– Des cafards, des tiques d'oiseaux… et ça, bonhomme, tu as l'air bien placé pour savoir que les tiques sont nombreuses sur l'île ! fit Edgar alors qu'Elliot se grattait furieusement le dessus du pied, où trois piqûres de tiques trônaient fièrement.

– Mes ancêtres se sont adaptés à Clipperton, ce qui les a obligés à se transformer. Et aujourd'hui, tel que tu me vois, je suis le digne représentant d'une espèce de lézard endémique sur l'atoll de Clipperton.

– Qu'est-ce que ça veut dire, « endémique » ? demanda Elliot. Et quelles transformations as-tu subies ?

– Aujourd'hui, comme nous mangeons des tiques, nous sommes quasiment des vampires !

– Quoi ?!

– Écoute ça : les tiques sucent le sang des oiseaux, et nous, nous mangeons les tiques. Ça n'est vraiment pas courant, crois-moi, un reptile qui mange du sang ! C'est la preuve qu'il nous a fallu nous adapter à un univers vraiment différent du nôtre pour survivre. Ensuite, il y a mes caractéristiques physiques : à Clipperton, pour nous protéger du soleil, nous sommes devenus presque tout noirs : des comme nous, tu n'en trouveras nulle part ailleurs. C'est ça, être endémique !

– La classe ! dit Elliot.

Puis, en s'étirant, il se tourna vers Basile :

– Tu ne devais pas inviter Edgar à ta fête ?

– Ah oui !... Cher Edgar, dans deux jours, c'est pleine lune et marée basse en même temps, ce qui est plutôt rare en ce moment, aussi nous organisons sur la plage un barbecue avec tous mes cousins. Tu seras le bienvenu.

Sans lui laisser le temps de répondre, il se tourna vers Elliot :

– Allez, fiston, c'est l'heure du goûter. Laissons Edgar à son quatre-heures !

La fête de Basile

La danse des dauphins

Elliot courait à perdre haleine pour rejoindre son ami Basile.

– Basile, Basile !…

Il avait quelque chose d'important à lui annoncer.

– Mais d'où viens-tu, Elliot ? Reprends ton souffle !

– Basile, ça y est…

– Quoi ?

– Mon petit frère, il marche !

Ému, Basile grimpa sur la chaussure d'Elliot pour partager sa joie.

– Tu vois, fiston, c'est le début de l'autonomie. Comme disait ma cousine Chibouste la langouste : « Prendre son envol sur une île, c'est un gage de bougeotte ! »

Elliot se redressa d'un bond.

– Mais Basile, c'est bien ce soir, la fête sur la plage avec tous tes cousins ?!

– Eh oui, j'espère qu'ils seront tous là : Hippolyte le bernard-l'ermite, Chibouste la langouste et Barnabé le crabe de mer.

– Oui mais, Basile, ça ne tombe pas bien du tout ce soir, je…

– Je t'arrête tout de suite. Ce soir, c'est le moment idéal : la pleine lune, assortie d'une marée basse, c'est parfait, vraiment parfait !

– Mais pourquoi, Basile ?

Le crabe était un peu gêné.

– Bon, puisque tu veux tout savoir, voilà : nous, les crabes de terre, nous mettons nos œufs à la mer à chaque retour de pleine lune. Et, bien sûr, nous avons une petite préférence pour la marée basse, qui nous permet de le faire en toute tranquillité.

– T'es un petit cachottier ! dit Elliot en rigolant.

Basile ne pouvait pas rougir plus qu'il ne l'était déjà.

– Et puis c'est l'occasion de faire la fête et de retrouver tous les cousins. Tiens, regarde qui arrive... Salut, Chibouste !

– Salut cousin !

– Je te présente Elliot, dit Basile. N'hésite pas à lui raconter des histoires, il ne demande qu'à apprendre !

– Tu peux compter sur moi. Et, se

tournant vers Elliot : Sais-tu, mon garçon, que Basile a deux zizis ?

– Ouah ! ça ne m'étonne pas de toi, Basile… pouffa Elliot.

Et ils partirent dans un fou rire.

– C'est pour faire pipi deux fois plus vite ! ajouta, hilare, Hippolyte qui arrivait.

Tous se tordaient de rire sur le sable, sauf Basile qui grommela, renfrogné :

– Très drôle, les gars ! Elliot, voici Hippolyte, c'est un bernard-l'ermite, c'est-à-dire qu'il a besoin de trouver une coquille vide pour pouvoir s'abriter, sinon il reste les fesses à l'air et se fait gober par les poissons de passage !

Peu à peu, Basile retrouvait sa bonne humeur.

– Et que la fête commence ! lancèrent Barnabé et Boudin, les crabes de mer.

Le dessous de leur carapace était violet, le dessus sable.

Un petit orchestre, composé d'un bernard-l'ermite, de quelques crabes et lézards, entonna un air rythmé de salsa, ce qui fit fondre les derniers signes de mauvaise humeur chez Basile.

Elliot prit alors entre ses mains son ami qui lui fit un clin d'œil amical.

Hippolyte le bernard-l'ermite, Barnabé le crabe de mer et un autre bernard-l'ermite

Moussu le bébé fou

Basile caressa doucement la joue d'Elliot qui sanglotait, couché sur la plage, le nez dans le sable.

– Tout doux, fiston, ça va aller, tu vas me raconter tout ça…

– Il était tellement mignon ! hoqueta Elliot. Sa maman n'en pouvait plus de lui ramener du poisson.

– Mais qui, Elliot ?

– Moussu, le petit de Gégé le fou masqué ! dit Elliot dans un souffle. Un jour, Gégé n'est pas revenu de la pêche, et son petit n'avait plus que sa maman…

Elliot se remit à pleurer à chaudes larmes. Basile essayait tant bien que mal de le consoler, mais ce n'était pas chose facile : ses pinces n'étaient pas vraiment adaptées pour faire des câlins.

Au bout d'un moment, Elliot s'apaisa, puis se releva.

– Tu sais, quand sa maman partait à la pêche pour le nourrir, il restait des heures tout seul au soleil à l'attendre, et les oiseaux s'acharnaient sur lui : là un coup sur la tête, là un coup sur le dos. Moussu était épuisé la dernière fois que je l'ai vu. J'ai bien essayé de lui faire de l'ombre, mais maman ne voulait pas que je reste au soleil non plus…

Un grand spasme secoua Elliot tout entier. Basile avait les larmes aux yeux devant le chagrin du petit garçon. La mer montait, et une vague plus grosse que les autres vint caresser de son écume mousseuse le pied du petit garçon.

LES PETITS FOUS

Les ornithologues – spécialistes des oiseaux – ont constaté qu'après chaque passage de gros bateaux de pêche, les oisillons sont moins bien nourris ou meurent de faim, car leurs parents sont obligés d'aller chercher les poissons toujours plus loin. Certains oiseaux sont même pris dans les filets de pêche et ne reviennent jamais auprès de leurs petits.

– Une fois, je lui ai apporté de l'eau, et comme Moussu ne savait pas boire, je lui ai versé mon verre sur la tête. Mais un nuage est passé et il s'est mis à trembler. Tu sais Basile, il était très fragile, Moussu.

Basile avait deviné la fin de l'histoire.

– Je sais, fiston, je sais, c'est triste, la disparition de Gégé. Normalement, chez les fous masqués, c'est le papa qui reste près du petit, en attendant que la maman, plus grosse, aille chercher le poisson.

– Et ce matin, en allant accompagner les plongeurs avec maman, nous sommes passés voir Moussu…

Elliot s'arrêta un instant car une larme coulait le long de sa joue.

– Eh bien, Moussu était allongé par terre et il n'avait plus la force de lever la tête. Maman m'a serré dans ses bras et elle a dit : « C'est fini ! » J'ai bien vu qu'elle aussi avait les yeux rouges…

– Tu sais, dit Basile pour changer les idées de son ami, j'ai une bonne nouvelle à t'annoncer.

– Ah… fit Elliot distraitement.

– Agathe la frégate a décidé avec une copine de nicher à Clipperton.

– Super ! s'enthousiasma Elliot.

– Elles sont les premières frégates à faire leur nid et à pondre leurs œufs sur Clipperton !

– Mais oui, elle vient des Galápagos, notre Agathe ! dit Elliot, maintenant tout à fait consolé.

Elliot serra Basile contre son cœur avant de quitter la plage pour une bonne coco fraîche.

Lucien le requin

– Mais enfin, Elliot, ne sois pas idiot, si je te dis que tu ne crains rien !

– T'es sûr, Basile ? dit Elliot, pas du tout convaincu.

Basile essayait de persuader Elliot de monter sur le dos de Joufflue la tortue, afin de rendre visite à Lucien le requin.

– Bon, je veux bien monter sur Joufflue, mais je ne veux pas que nous nous approchions trop près de Lucien ! décida finalement Elliot.

– Mais oui fiston... puis, s'adressant à Joufflue, qui avait été aidée dans sa manœuvre jusqu'à la plage par Firmin le fou brun : Allez ma grande, en route, il y a beaucoup de houle aujourd'hui.

Escortés d'Amande la carangue et d'Antonin le dauphin, Elliot et Basile voguaient paisiblement sur le dos de Joufflue qui, elle, ne ménageait pas sa peine. Elliot était maintenant complètement détendu et riait même aux éclats en envoyant des giclées d'eau à chaque saut qu'Antonin effectuait.

Tout à coup, un aileron apparut et s'approcha à grande vitesse. Elliot, enthousiaste, lança :

– Eh, salut, Lucien ! Moi c'est Elliot...

À ses côtés, Basile se recroquevilla sous sa carapace en bredouillant :

– Oh non... ce n'est pas Lucien !

Antonin le dauphin s'immobilisa et cria à Amande :

– Vite, cache-toi !

Mais, avant qu'elle ait eu le temps de dire ouf, le requin s'était précipité sur elle.

Basile, bien que terrorisé, était secrètement rassuré que le requin-tigre ne se soit pas plutôt intéressé à leur embarcation de fortune, la bonne vieille Joufflue.

Des carangues

– Hou hou, c'est moi ! dit une voix derrière eux.

Tous tournèrent la tête et aperçurent un deuxième aileron : Lucien était sur le point de les rejoindre. Lucien était un beau requin soyeux, dans la fleur de l'âge, papa depuis peu.

– Bon, les copains, mon cousin Khan, le requin-tigre, est venu me rendre une petite visite, annonça Lucien.

Un ouf de soulagement général se fit entendre.

– Mais Amande ? s'inquiéta tout à coup Elliot.

– Ah, évidemment, c'est embêtant ! dit Lucien. Ce cher Khan aime beaucoup les carangues... Une de vos connaissances, Basile ?

– Une de mes connaissances ?!! Basile fulminait : T'as pas fini de faire le malin, Lucien ? Rappelle immédiatement ton fauve ou je m'énerve.

– Comme tu es susceptible... Khan ! Hou hou ! viens que je te présente.

Amande, tout essoufflée, s'était réfugiée sous une raie qui passait par là. Et Khan n'avait pu la croquer, sous peine d'un incident diplomatique : selon le règlement des eaux territoriales de Clipperton, tout poisson pouvait trouver refuge sous une raie, sorte de havre de paix au milieu de l'océan.

– Je vous présente mon cousin Khan, dit Lucien.

– Mais il est immense ! s'exclamèrent Elliot et Basile, effrayés.

– À peu près quatre mètres... fit Lucien, désinvolte.

Antonin, taquin, virevoltait autour de Khan, visiblement très contrarié de n'avoir pas fait d'Amande son quatre-heures.

– Bon, bon... dit Basile qui essayait de reprendre contenance. Ça tombe bien que vous soyez deux, je voulais que vous expliquiez à Elliot vos particularités de requins.

Lucien se prit immédiatement au jeu:

– Je suis Lucien, requin soyeux, venu à Clipperton pour faire des petits...

– Ah bon ! l'interrompit Elliot, toi aussi ?

– Eh oui ! Mais ce qui fait notre renommée, c'est quand même la chasse ! Que diriez-vous d'une petite démonstration?

Joufflue, terrifiée, se mit à trembler si fort qu'Elliot eut du mal à rester sur son dos.

– Vas-tu finir de trembler comme ça ! gronda Basile. Certes, ce cher Khan n'a pas l'air de savoir se tenir mais, jusqu'à preuve du contraire, tu n'es plus un bébé tortue ! Grasse comme tu es, il ne fera pas de toi une bouchée !

Mais Joufflue continuait de trembler et Basile finit par perdre l'équilibre et tomber à l'eau. Khan, d'un coup de nageoire, le rattrapa et le fit disparaître dans sa gueule.

Plus personne ne bougeait. Un frisson glacé parcourut le petit Elliot. Joufflue ne tremblait même plus, paralysée par la peur.

Khan émergea et Basile, complètement recroquevillé, apparut entre ses dents acérées. Basile se hissa alors péniblement sur le dos de Joufflue, dont les yeux vitreux laissaient prévoir un malaise imminent.

– Charmé ! grommela Basile.

– Je vous explique… dit Lucien de sa voix sautillante. Cette petite démonstration me permet d'introduire mon sujet.

Khan le requin à la poursuite d'Amande

Et, s'adressant à son cousin : Cher Khan, vous pouvez disposer. Grâce à une multitude de minuscules denticules que nous avons à la place des écailles...

– C'est quoi des denticules ? demanda Elliot.

– Ce sont comme des petites dents qui nous permettent d'aller plus vite avec peu d'efforts. En quelque sorte, elles nous permettent de fendre les flots !

– Mais on ne les voit pas ?! s'étonna Elliot.

– C'est vrai, mais si tu touches la peau d'un requin, cela ressemble à du papier de verre.

– Et qu'est-ce que vous avez d'autre que les poissons n'ont pas ? demanda Elliot avec passion.

– Notre squelette n'est pas ossifié...

– Explique-toi..., intervint Basile.

– Ça veut dire que nos os ne sont pas durs, ce qui nous donne une plus grande souplesse dans nos mouvements.

Lucien et Khan entamèrent une danse ondulatoire qui détendit l'atmosphère.

– Cela nous permet aussi de mieux flotter.

– Mais comment font les autres poissons ? demanda Elliot.

– Certains ont des petites poches d'huile, répondit Antonin le dauphin.

– Mais surtout, les requins ont une arme redoutable pour la chasse, intervint Joufflue : ils ont la capacité de ressentir le champ magnétique des autres êtres vivants, ce qui leur permet de repérer leurs proies bien avant de les voir ou de sentir leur odeur.

– La classe ! lança Elliot.

Khan, qui, on le voyait bien, s'amusait franchement, fit claquer sa mâchoire tout près de Joufflue.

– Même pas peur ! dit Joufflue, hors d'elle.

Tous éclatèrent de rire.

– Bon, les amis, dit Basile hilare, la marée monte, il faudrait rentrer maintenant.

Mais Elliot voulut poser une dernière question :

– Ça existe vraiment, les requins qui font de la lumière ?

– Eh oui ! ce sont les requins photophores, cela se produit au moment de faire des petits, pour se reconnaître entre mamans et papas.

– Ouah ! dit Elliot.

– Allez, c'est parti ! crièrent en chœur Basile et Joufflue.

Et tranquillement, tous regagnèrent la plage, en se retournant pour faire de grands signes à Lucien et Khan.

Amande protégée par la raie manta

La bataille du pirate Clipperton

Le bateau du pirate Clipperton

Antonin le dauphin amorça un saut croisé avec Amande la carangue.

– Vas-y, Antonin ! dit Elliot, ravi.

Pour le départ d'Elliot, Basile avait bien fait les choses : une grande fête avec tous les amis était organisée sur le rocher de Clipperton.

Antonin menait une danse aquatique avec Joufflue la tortue et Amande la carangue, alors que Lucien le requin et Lola la raie manta assuraient les rotations sur l'eau qui menaient de la plage au lieu du spectacle, juste derrière la barrière de corail.

– Et hop ! lançait Elliot, claquant des mains à chaque saut d'Antonin.

– Cette bonne Joufflue nous avait caché ses talents de danseuse-torpilleuse ! dit Basile en rigolant.

– Un peu d'algues à la noix de coco ? proposa Firmin le fou.

– Tu sais bien que je ne suis plus végétarien ! répondit Edgar le lézard.

De loin leur parvenaient les chants de Mangouste la langouste, accompagnée de son fameux groupe de musiciens, « Les Bernard-l'ermite », très en forme ce jour-là.

– Mais dis-moi, Elliot, susurra Basile à son oreille, n'y aurait-il pas quelque chose que tu aimerais savoir à propos de cette île ?

Elliot prit un air coquin.

– Basile, tu ne m'as jamais raconté comment le pirate Clipperton est arrivé sur l'île... Mais surtout, est-ce qu'il y a vraiment caché un trésor ? Tu sais où il est, toi, le trésor ? demanda-t-il d'une traite, dissimulant mal son impatience.

– Bon, bon, bon... dit Basile en claquant des pinces. Écoutez-moi, vous autres ! Est-ce que quelqu'un souhaite raconter à Elliot l'histoire du pirate Clipperton ?

– Moi, moi ! dit Pacha, le rat.

– Ah, non ! pas toi. Tu n'étais pas encore là ! dit Hippolyte le bernard-l'ermite. De toute évidence, Chibouste la langouste est la mieux placée pour pouvoir en parler...

– Pas du tout ! intervint Lola la raie manta. Lucien le requin est l'animal le plus ancien, c'est donc lui qui...

– Oui, enfin, tu veux dire que les requins sont les plus...

– Arrêtez de vous disputer ! coupa Elliot. Vous avez tous le droit de raconter l'histoire et c'est Lucien qui commence.

Basile intervint :

– Sache que cette histoire ne doit être répétée à personne, ce sera notre petit secret. Nous avons été suffisamment visités depuis cet épisode par des malins qui pensaient découvrir le trésor.

Elliot s'installa confortablement sur le dos de Joufflue la tortue, bien calée entre Pacha le rat et Edgar le lézard.

– Hum, hum... Lucien se racla la gorge. Une nuit, il y a très longtemps, deux navires croisaient au large de Clipperton. L'un était celui d'un riche commerçant hollandais dont les cales étaient chargées de marchandises précieuses, comme des pépites d'or, des tissus soyeux et colorés, et bien sûr de somptueuses pierres précieuses...

– Ouah ! dit Edgar qui ne se lassait pas d'écouter l'histoire.

– L'autre navire appartenait au terrible pirate Clipperton, connu pour être un homme cruel mais peu chanceux, car ses attaques se soldaient par un échec.

BASILE, immortalisé sur la coque de la *Lancha*, bateau de pêche mexicain.

Agathe la frégate en vol

– Là, tu exagères !

– J'oublie de dire qu'il était bel homme, n'est-ce pas Lola ? taquina Lucien.

Basile intervint, agacé :

– Bon, c'est moi qui continue. Malheureusement pour le navire hollandais, ce jour-là, le pirate Clipperton était bien décidé à se battre jusqu'à la mort. Les Hollandais ont bien essayé de lancer des boulets de canon, mais de grosses vagues leur ont fait rater leur cible à chaque fois. Le pirate a donc mené une bataille horrible, dont aucun membre de l'équipage hollandais n'est ressorti vivant.

Elliot frissonna.

– Pour son plus grand plaisir, continua Hippolyte le bernard-l'ermite, le pirate Clipperton a découvert des cales pleines de trésors. Mais au loin, un autre bateau apparaissait à l'horizon, ce qui laissait peu de temps à Clipperton et ses hommes pour cacher le trésor.

– Ah ! les pirates sont donc venus sur cette île ! s'exclama Elliot, enthousiaste.

– Évidemment, reprit Amande.

– Il fallait faire vite. Le pirate a donc décidé de descendre sur l'atoll tout proche. Il est parti seul pour mettre son butin à l'abri…

– Mais alors, il l'a mis où ? demanda Elliot.

– Il est allé directement au rocher, dit Firmin, puis a commencé à l'escalader…

Basile l'interrompit brutalement :

– Et, à partir de ce moment, nul ne sait ce qui est arrivé au pirate, ni au trésor…

– Qu'est-ce que tu racontes ? dit Edgar, estomaqué. Tu sais bien que mon grand-oncle Albert y était !

– Chouette ! Raconte Edgar, dit Elliot.

Tous s'étaient tournés vers Edgar. Celui-ci n'en menait pas large.

– Ben, quoi ! on peut tout lui dire, au petit, non ?

Le silence se fit, on n'entendait que les vagues se briser sur la barrière de corail.

– Allez ! Basile, dit timidement Elliot, je suis ton pote !

Après quelques instants de réflexion, Basile fit signe à Edgar de continuer.

– Oncle Albert avait l'habitude de se réfugier dans une des grottes du rocher, pour y trouver de bons cafards bien gras, ainsi qu'un peu de fraîcheur. Lorsque Clipperton a débarqué dans la grotte, il était rouge et exténué. Il portait un coffre sur son épaule. Visiblement, la grotte ne lui paraissait pas assez sûre car il a continué un moment à chercher un passage.

– Un passage secret ! dit Elliot.

– Oui ! en quelque sorte. En tout cas, un endroit que l'on ne pouvait pas découvrir facilement. Il a fini par trouver un petit tunnel qui débutait dans la partie haute de la grotte. Plusieurs fois il a trébuché en cherchant à l'atteindre, à tel point que son coffre a fini par se renverser. Des pierres précieuses de toutes les couleurs se sont répandues sur le sol plein de fientes d'oiseaux.

– Berk ! dit Elliot.

– Il a réussi à se hisser jusqu'au tunnel avec son coffre. Il s'y est faufilé…

– Il n'est jamais ressorti ! dit tristement Lola la raie manta.

– Eh non ! Et son trésor n'y est plus depuis longtemps. Un ouragan a fait monter l'eau brutalement et le coffre a été projeté dans l'océan, mais on ne sait s'il est passé par le haut de la grotte ou si le tunnel communiquait avec la mer.

Il était temps maintenant pour Elliot de laisser tous ses amis et de rejoindre avec ses parents le *Rara Avis*. Il se retourna une dernière fois et chuchota dans l'oreille de Basile :

– Mais alors, le couvercle du coffre que notre médecin a trouvé pendant une plongée, c'est celui du trésor de Clipperton ?

– Va savoir, fiston… murmura Basile.

Elliot comprit qu'il n'en saurait jamais plus et que l'île garderait des secrets que peut-être, un jour, il aurait envie de venir découvrir.

LA FIN DE L'EXPÉDITION
La *Lancha* passe la barrière de corail. Cette barrière naturelle rend Clipperton encore plus inaccessible.

Basile et Joufflue disent au revoir à Elliot